Highlights Hidden Pictures Eagle-Eye

똑똑해지는 NEW

숨은그림찾기 4

회전목마

아라미

이렇게 활용하세요!

숨은그림찾기의 세계로 오신 것을 환영합니다.
그림 속에 숨은 그림을 찾으며 즐거운 시간을 보내세요!

자연사 박물관에서

숨은그림찾기를 하면서 관찰력, 주의력, 집중력을 키워요.

스케이트장에서
생각해 보세요!

퍼즐 맞히기, 생각해 보세요를 하면서 사고력이 자라요.

동물 음악대
스티커
색칠하기

내가 만드는
숨은그림찾기

숨은 그림에 스티커 붙이고 색칠하기, 내가 직접 만드는
숨은그림찾기 등의 활동을 통해 창의력과 상상력이 쑥쑥 자라요.

숨은그림찾기 이래서 좋아요!

- 숨은 그림을 찾으면서 주의력과 집중력이 자랍니다.
- 하나하나 세밀하게 살피는 관찰력을 키워 줍니다.
- 숨은 그림을 다 찾으려면 인내와 끈기가 필요합니다.
- 높은 성취감과 성실한 학습 태도를 길러 줍니다.

Highlights

Eagle-Eye

Hidden Pictures

4권

차례

15쪽에서
이 그림을 찾아보세요.

32쪽에서
이 그림을 찾아보세요.

30쪽에서
이 그림을 찾아보세요.

COVER ILLUSTRATED BY JEF CZEKAJ

미술관에서

미술관에서 여러 그림과 작품들을 감상해 보아요.
그리고 숨은 그림들도 찾아보세요.

컴퓨터 마우스
computer mouse

반지
ring

부메랑
boomerang

붓
artist's brush

자석
magnet

톱해트(실크해트)
top hat

화살
arrow

케첩 병
ketchup bottle

머리빗
comb

피자
pizza

양동이
pail

확성기
megaphone

옥수수
corn

활
bow

ILLUSTRATED BY BARRY GOTT

스티커 색칠하기

수영장에서

아이들이 물속에 있는 장난감 찾기 시합을 하고 있어요.
숨은 그림을 찾아 스티커를 붙인 후 예쁘게 색칠하세요.

EXIT

ILLUSTRATED BY MIKE MORAN

동물병원에서

카멜레온이 아파서 동물병원에 왔어요.
수의사 선생님이 치료해 주시는 동안 숨은 그림들을 찾아보세요.

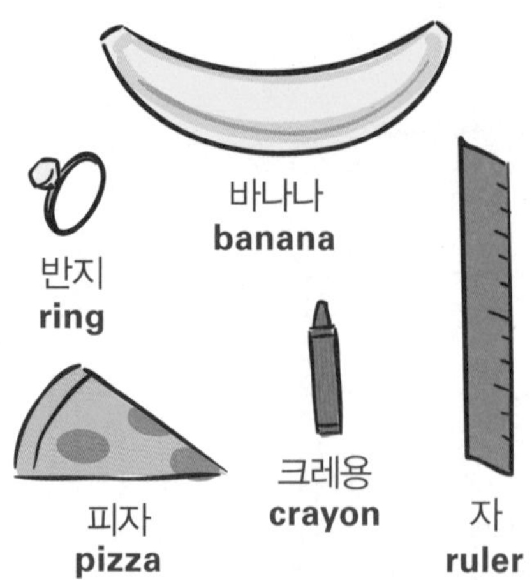

반지
ring
바나나
banana
피자
pizza
크레용
crayon
자
ruler

단추
button

드라이버
screwdriver

웃는 얼굴
smiley face

소금통
saltshaker

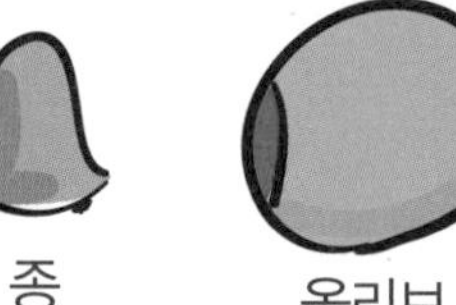

종
bell

올리브
olive

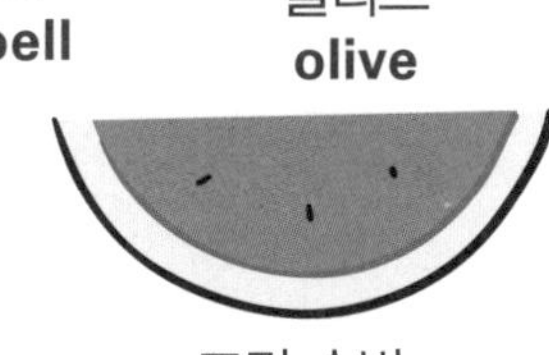

조각 수박
slice of watermelon

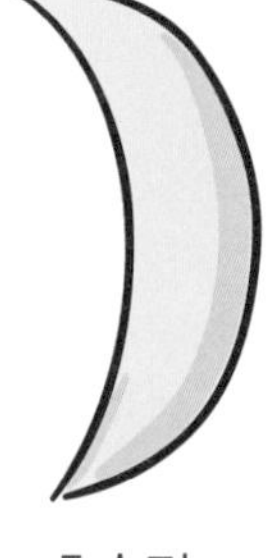

초승달
crescent moon

비행접시
flying saucer

나비넥타이
bow

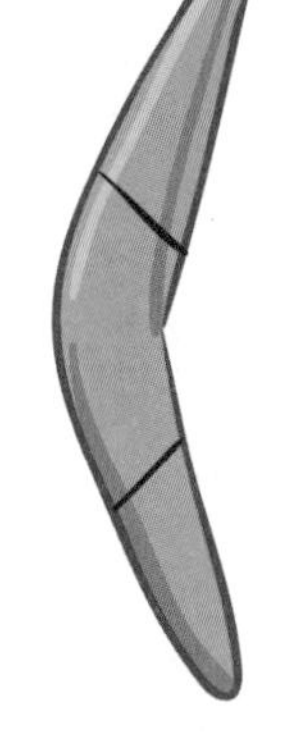

부메랑
boomerang

퍼즐 맞히기

아래 설명을 읽고 누가 몇 시에 어떤 애완동물을 데리고 병원에 왔는지 알아맞혀 보세요.
맞는 칸에는 O를 하고, 맞지 않는 칸에는 X를 하세요.

	폴	패티	피터	페니	파멜라
이구아나					
거북					
스컹크					
고양이					
개					
오전 11시 15분					
오전 11시 30분					
오전 11시 45분					
오후 12시					
오후 12시 15분					

***오전은 자정(저녁 12시)부터 정오(낮 12시)까지의 시간을 말해요.**

- 패티의 애완동물은 털이 없어요.
- 거북은 오후에 첫 진료를 받았어요.
- 파멜라의 이구아나, 피터의 애완동물, 고양이 순으로 진료를 받았어요.
- 검정색과 하얀색 줄무늬가 있는 폴의 애완동물은 11시 30분 이전에 진료를 받았어요.

ILLUSTRATED BY DAVE CLEGG

도전해 보세요!

수족관에 30개의 숨은 그림이 있대요. 하지만 어떤 그림이 숨어 있는지는 알 수 없어요. 자, 숨은그림찾기에 도전해 보세요!

ILLUSTRATED BY PAULA BECKER

지저분한 방

흐트러진 물건들 사이에 숨은 그림을 찾아보세요.
다 찾으면 방이 깔끔해질 거예요.

ILLUSTRATED BY KELLY KENNEDY

파이
pie
톱
saw
펜
pen
삽
shovel
동전
coin
돋보기
magnifying glass
망원경
telescope
조각 치즈
wedge of cheese
전구
light bulb
숟가락
spoon
자물쇠
lock
소나무
pine tree
삼각깃발
pennant
못
nail

내가 만드는 숨은그림찾기

그림을 그려서 아래 물고기를 숨겨 보세요. 어떻게 해야 할지 잘 모르겠으면 위 그림을 참고하세요.

FRAME ILLUSTRATED BY MIKE MORAN

스케이트장에서

북극곰들이 신나게 스케이트를 타고 있어요. 숨어 있는 하키스틱 19개를 찾아보세요.

ICE GUARD
ICE GUARD

생각해 보세요!

미끄러운 것에는 어떤 게 있을까요? 얼음 빼고, 다섯 개만 말해 보세요.

얼음은 겉부터 녹을까요, 아니면 속부터 녹을까요? 왜 그렇게 녹는지 이유를 말해 보세요.

여러분 발이 스케이트라면 어떤 일이 일어날까요? 상상해서 말해 보세요.

얼음과 물은 어떤 점이 비슷하고 또 어떤 점이 다른가요?

무엇이 얼음을 녹게 하나요? 3가지만 말해 보세요.

얼음 위에서 미끄러지지 않으려면 어떻게 해야 하나요?

날씨가 몹시 추울 때 연못이나 호수, 바다 중에 어떤 게 더 빨리 얼어붙나요? 그 이유는 무엇일까요?

어는 것과 얼지 않는 것을 나누어 말해 보세요.

어떤 동물들이 추운 곳에서 사는지 말해 보세요.

ILLUSTRATED BY IRYNA BODNARUK;
SPOT ART BY ANNE BENJAMIN

동물 음악대

스티커 색칠하기

동물 음악대가 행진하고 있어요.
숨은 그림을 찾아 스티커를 붙인 후 예쁘게 색칠하세요.

ILLUSTRATED BY ROCKY FULLER

외계인의
지구 탐험
재츠, 사람들의 머리 위에는 털이 북슬북슬한 애완동물이 살고 있어. 이곳에서 애완동물의 털을 손질하나 봐!
저글
SOAP

그래, 맞아. 사람들은
머리 위에 사는 애완동물을
아주 세심하게 돌보지.
심지어 예쁜 색으로
물들이기도 해.

재츠, 저 사람 좀 봐! 머리에서
애완동물을 떼어 내고 있어.

걱정 마, 저글!
떼어 낸 애완동물은
다른 사람이 데려가서
잘 키워 줄 거야.

재츠

숨은 그림을 찾아보세요.

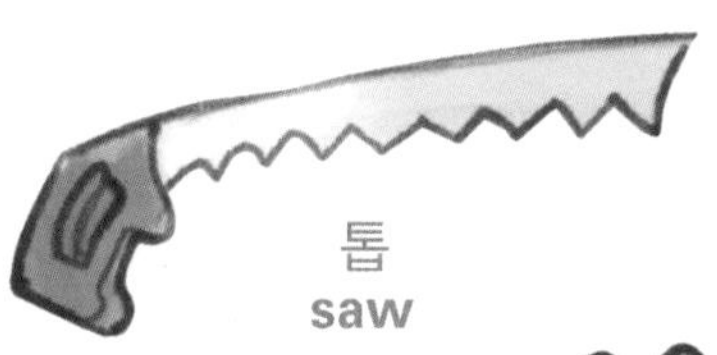

톱
saw

찻잔
teacup

무지개
rainbow

글러브
baseball glove

눈물방울
teardrop

달걀 프라이
fried egg

달팽이집
snail shell

반창고
adhesive bandage

시험관
test tube

산
mountains

머리빗
comb

보트
boat

SOAP

비누
bar of soap

도로
road

도넛
doughnut

집
house

WRITTEN BY ANDREW BRISMAN;
ILLUSTRATED BY GIDEON KENDALL

숨은 조각 찾기

오른쪽 그림에서 아래 퍼즐 조각 여덟 개를 찾아보세요.

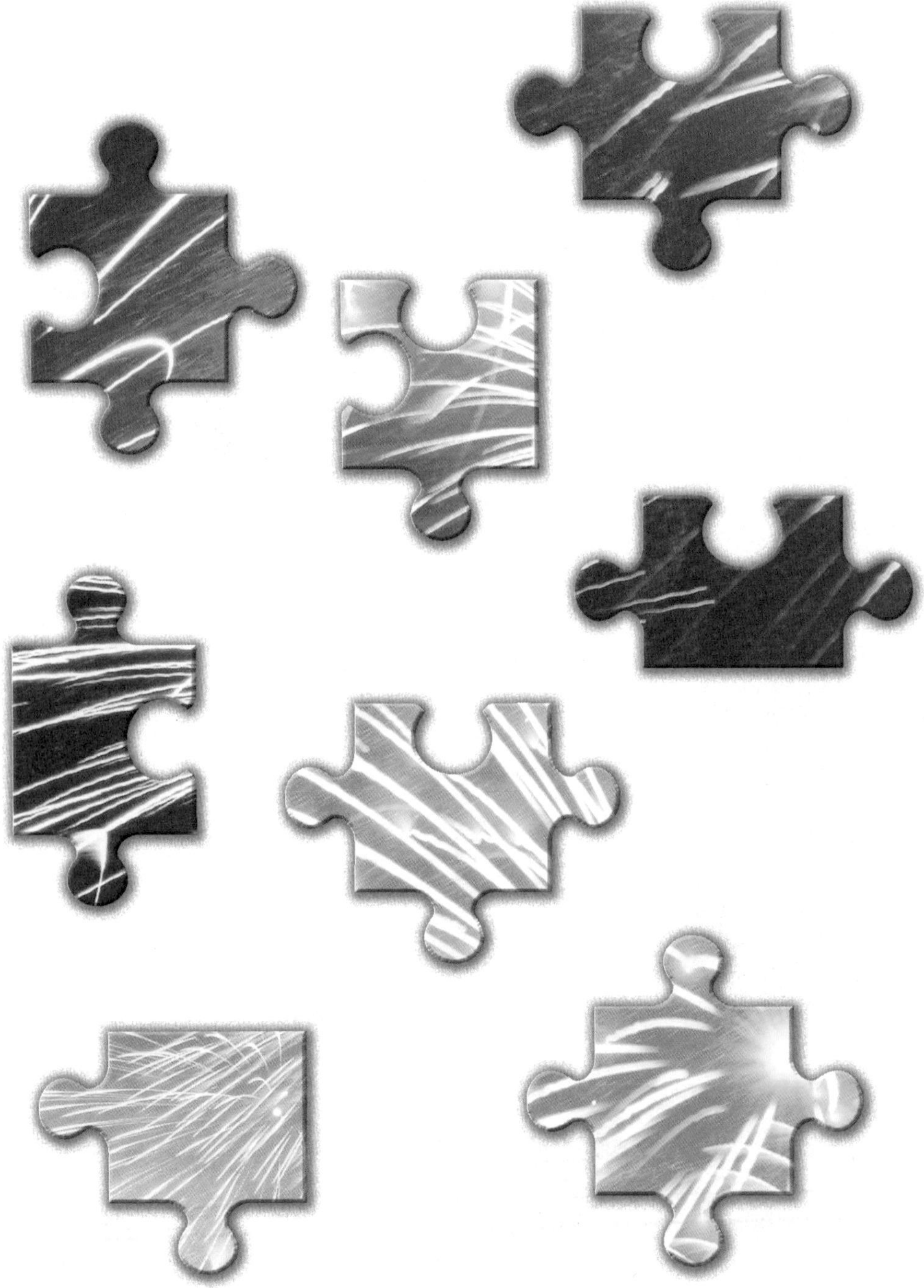

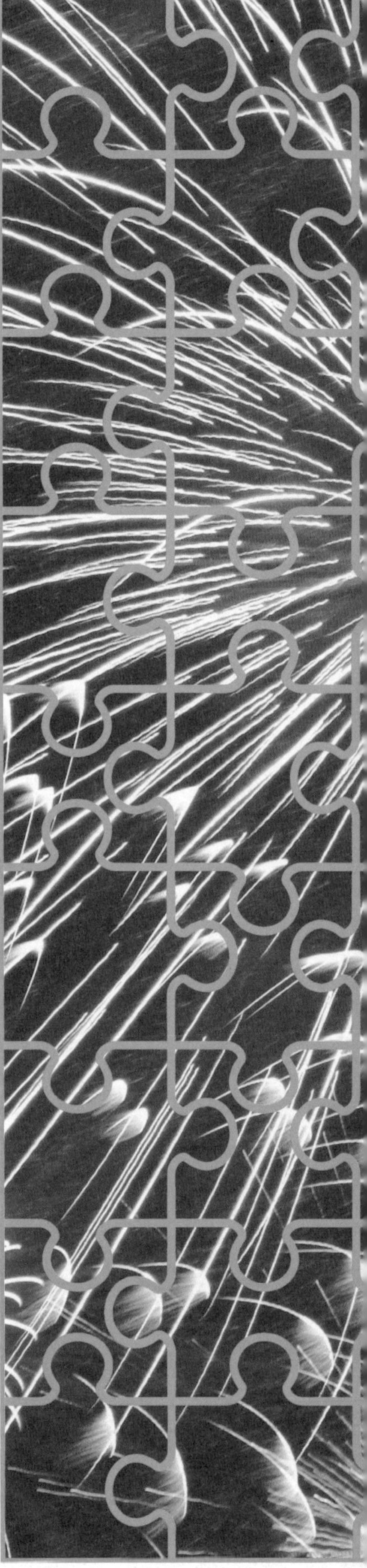

PHOTO © FOTOSEARCH/SUPERSTOCK

VOGT

하이디와 지크
사라진 자동차를 찾아라!

니나는 삼촌에게서 무선 조종 자동차를 선물 받았어요. 니나는 친구들과 함께 공원에서 자동차를 신나게 조종했어요. 그런데 무슨 일이 있었는지 니나가 울고 있네요.

마침 공원을 지나가던 하이디가 니나에게 물었어요.

"니나, 왜 울고 있어?"

"자동차가 없어졌어."

"걱정 마. 나랑 지크가 찾아 줄게."

하이디와 지크가 공원 구석구석을 뒤졌지만 노란색 무선 조종 자동차는 보이지 않았어요.

그때 지크가 진흙탕을 보고 짖기 시작했어요.

"지크! 왜 그래? 자동차를 발견한 거야?"

하이디가 살펴보니 진흙탕 주변에 자동차 바퀴자국이 찍혀 있었어요.

자동차 바퀴자국을 따라가 보세요. 그러면 잃어버린 자동차를 찾을 수 있어요.
그리고 숨은 다른 그림들도 찾아보세요.

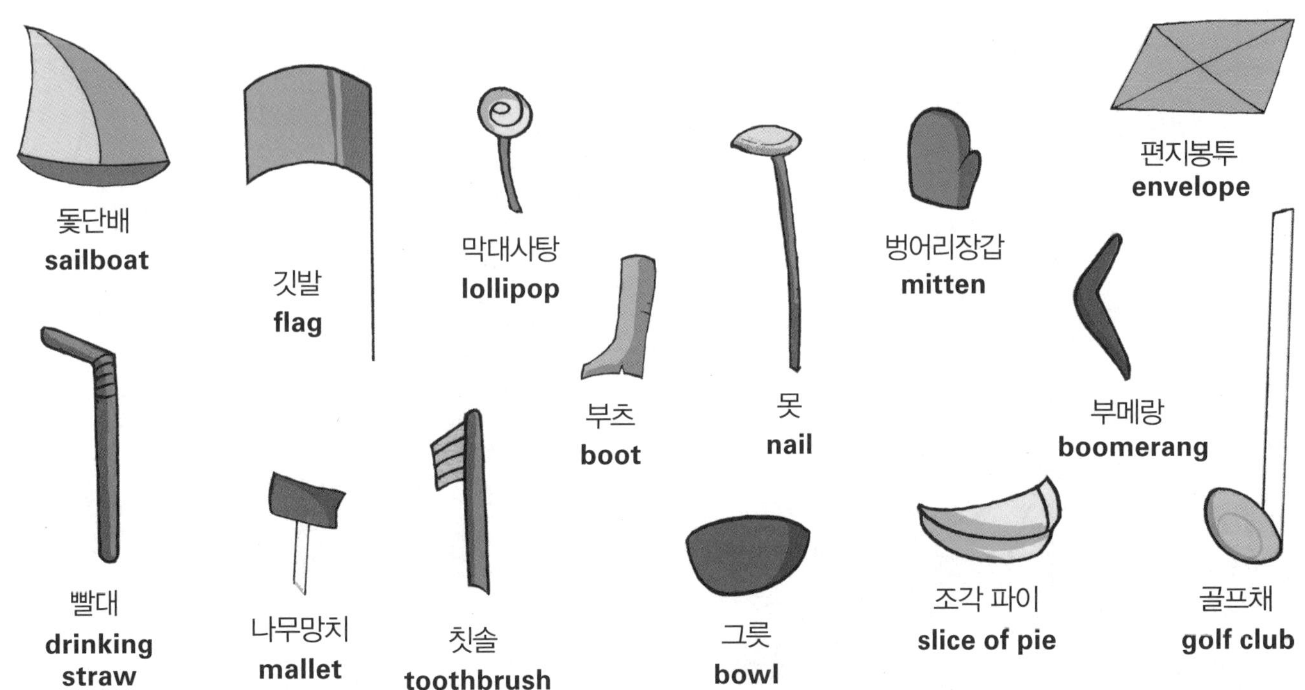

돛단배
sailboat
깃발
flag
막대사탕
lollipop
부츠
boot
못
nail
벙어리장갑
mitten
편지봉투
envelope
부메랑
boomerang
빨대
drinking straw
나무망치
mallet
칫솔
toothbrush
그릇
bowl
조각 파이
slice of pie
골프채
golf club

WRITTEN BY JULIE WINTERBOTTOM;
ILLUSTRATED BY CHUCK DILLON

스티커 색칠하기
토끼 농장
농장에서 토끼들이 바쁘게 일하고 있어요.
숨은 그림을 찾아 스티커를 붙인 후
예쁘게 색칠하세요.

ILLUSTRATED BY TAMARA PETROSINO

공항에서

새들이 따뜻한 남쪽 나라로 여행을 왔어요.
공항에 도착한 새들이 짐을 찾고 있네요.
숨은 그림도 함께 찾아보세요.

도미노
domino

바나나
banana

빗자루
broom

장갑
glove

숟가락
spoon

C2

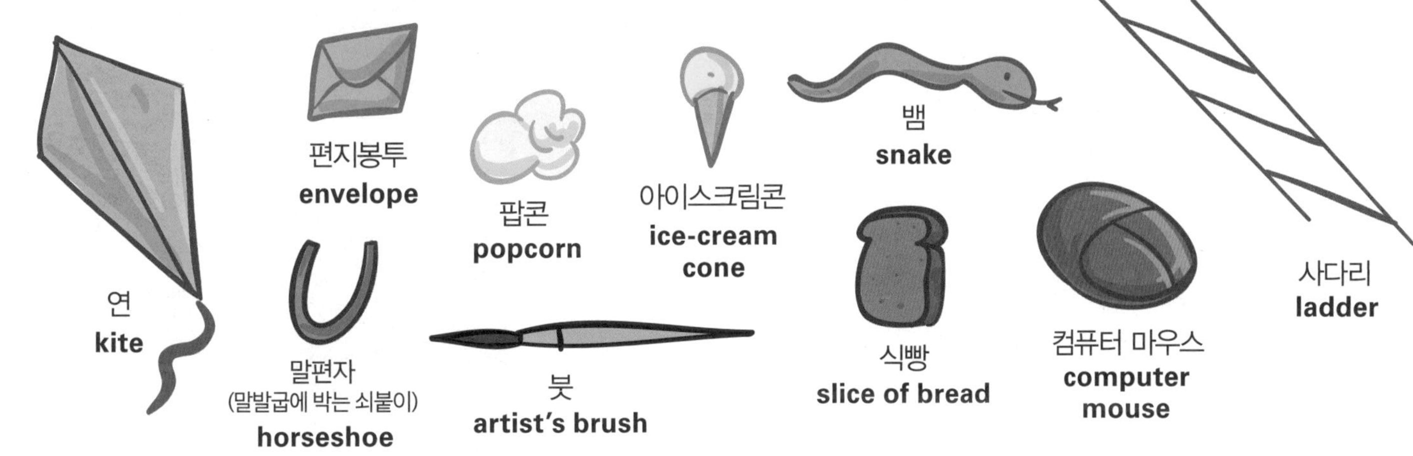

연
kite
편지봉투
envelope
말편자
(말발굽에 박는 쇠붙이)
horseshoe
팝콘
popcorn
붓
artist's brush
아이스크림콘
ice-cream cone
뱀
snake
식빵
slice of bread
컴퓨터 마우스
computer mouse
사다리
ladder

퍼즐 맞히기

네 명의 여행자들이 휴가를 마치고 돌아왔어요. 아래 설명을 읽고 누가 어떤 색의 가방을 갖고 어디를 다녀왔는지 알아맞혀 보세요. 맞는 칸에는 O를 하고, 맞지 않는 칸에는 X를 하세요.

	샘	사라	스티브	샐리
파랑				
초록				
보라				
빨강				
바닷가				
산				
호수				
도시				

- 바닷가로 여행을 다녀온 남자는 초록 가방과 빨강 가방 사이에서 자기 가방을 찾았어요
- 여자들은 물가로 여행을 가지 않았어요.
- 샐리는 여행 가방과 색을 맞춘 파랑 배낭을 메고 등산했어요.
- 스티브의 빨강 가방은 마지막으로 나왔어요.

ILLUSTRATED BY DAVE CLEGG

괴물 통과 콩 주머니 만들기

준비물
- 큼직한 통
- 색종이
- 가위
- 풀
- 양말
- 콩
- 끈

1 한 가지 색깔의 색종이로 큼직한 통을 둘러요.

2 색종이를 길게 띠처럼 만들고 오른쪽 그림과 같이 한쪽 끝에만 가위질을 해요. 이걸 통의 위쪽에 붙여 멋진 머리카락을 만들어요.

3 다른 색종이로 괴물의 눈, 코, 입을 만들어 통에 붙여요.

4 양말에 콩을 넣은 후 입구를 끈으로 묶고 남은 부분은 잘라 내요.

★ 놀이 방법 ★

괴물 통을 벽 쪽에 세워 놓고, 반대편에서 친구들과 번갈아 가면서 콩 주머니를 던져 넣어요.
누가 더 많이 넣었나요? 먼 곳에서 콩 주머니를 던져 보세요.
누가 더 먼 곳에서 콩 주머니를 던져 넣는지 내기해 보세요.

숨은 그림을 찾아보세요.

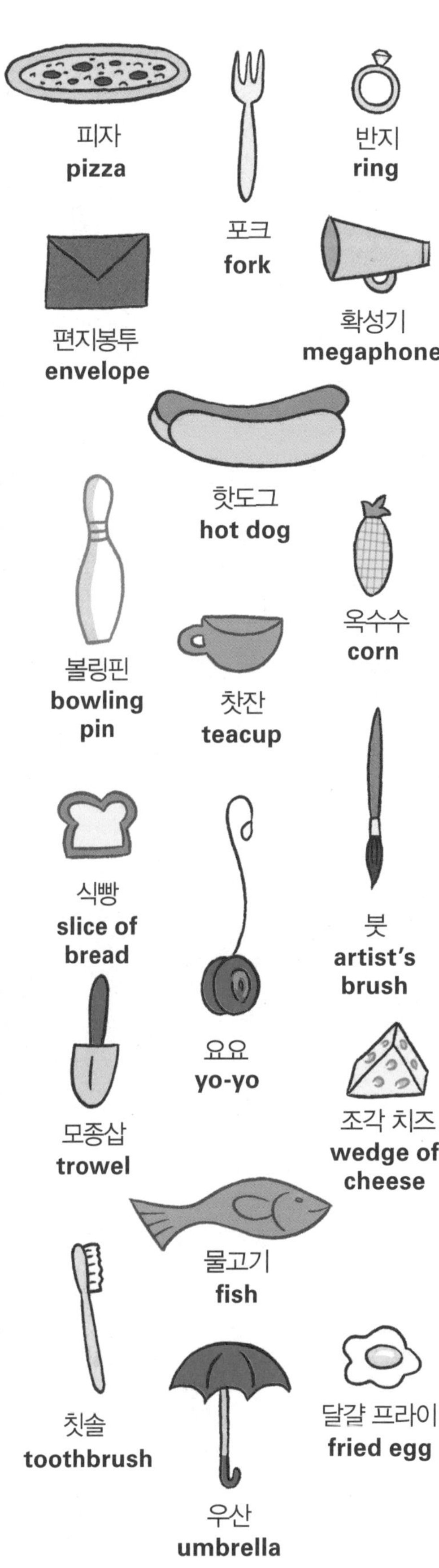

피자
pizza
포크
fork
반지
ring
편지봉투
envelope
확성기
megaphone
핫도그
hot dog
볼링핀
bowling pin
찻잔
teacup
옥수수
corn
식빵
slice of bread
요요
yo-yo
붓
artist's brush
모종삽
trowel
조각 치즈
wedge of cheese
물고기
fish
칫솔
toothbrush
우산
umbrella
달걀 프라이
fried egg

ILLUSTRATED BY KELLY KENNEDY

서커스 공연

신나는 서커스 공연을 보면서
숨은 그림을 찾아보세요.

ILLUSTRATED BY JACKIE STAFFORD

나비
butterfly
왕관
crown
반지
ring
양초
candle
펼쳐진 책
open book
압정
tack
골프채
golf club
그믐달
crescent moon
하트
heart
크레용
crayon
피자
pizza
아이스크림콘
ice-cream cone
신발
shoe
도끼
ax
찻잔
teacup

내가 만드는 숨은그림찾기

그림을 그려서 아래 돛단배를 숨겨 보세요. 어떻게 해야 할지 잘 모르겠으면 위 그림을 참고하세요.

FRAME ILLUSTRATED BY MIKE MORAN

미술 시간

화실 안에 숨겨진 20개의 크레용을 모두 찾아보세요.

생각해 보세요!

미술 용품을 일곱 개만 말해 보세요.

자기 얼굴을 그린다면 크레용, 사인펜, 연필, 물감 등 다양한 재료 중에서 어떤 걸로 그리고 싶나요?

미술 작품을 많이 보기 위해서는 어디로 가야 하나요?

미술 작품을 보러 간 곳 중 가장 독특한 장소는 어디였나요?

무엇을 가장 그리고 싶은가요?

동물과 사람 중에서 무엇이 더 그리기 어렵나요? 그 이유는 무엇인가요?

눈을 감고 그림을 그려 보세요. 어떤 작품이 나왔나요?

그림 외에도 다른 예술 작품들이 많아요. 어떤 예술 작품이 있을까요?

ILLUSTRATED BY BRIAN WHITE

외계인의 지구 탐험

저글, 저길 봐!
사람들이 난폭하게 공을 굴려서
핀 생명체들을 물리치고 있어!

재츠

CHIPS

하지만 저 생명체들은 쓰러지고 또 쓰러져도 쉬지 않고 계속 일어나. 대단해!

계속해서 10마리씩 사람들의 공격에 맞서고 있어.

사람들이 지구를 잘 지켜 낼 수 있을까? 힘내라, 지구인들!

저글

숨은 그림을 찾아보세요.

피자
pizza

지구
globe

베이컨
slice of bacon

뼈다귀
dog bone

유령
ghost

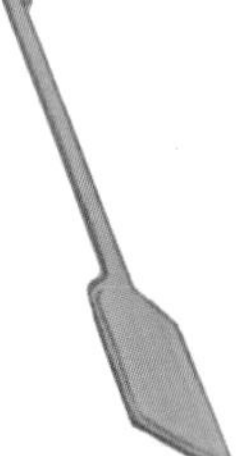
노
paddle

자동차
car

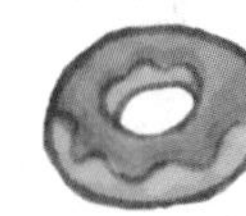
도넛
doughnut

아파트
apartment building

타이어
tire

헤어드라이어
hair dryer

바게트
loaf of bread

모래시계
hourglass

WRITTEN BY ANDREW BRISMAN;
ILLUSTRATED BY GIDEON KENDALL

스티커 색칠하기

바닷속 파티

바닷속에서 파티가 벌어졌어요. 숨은 그림을 찾아 스티커를 붙인 후 예쁘게 색칠하세요.

10
10
10

ILLUSTRATED BY NEIL NUMBERMAN

자연사 박물관에서

자연사 박물관에 가면 거대한 공룡 뼈를 볼 수 있어요.
박물관에 숨은 그림들을 찾아보세요.

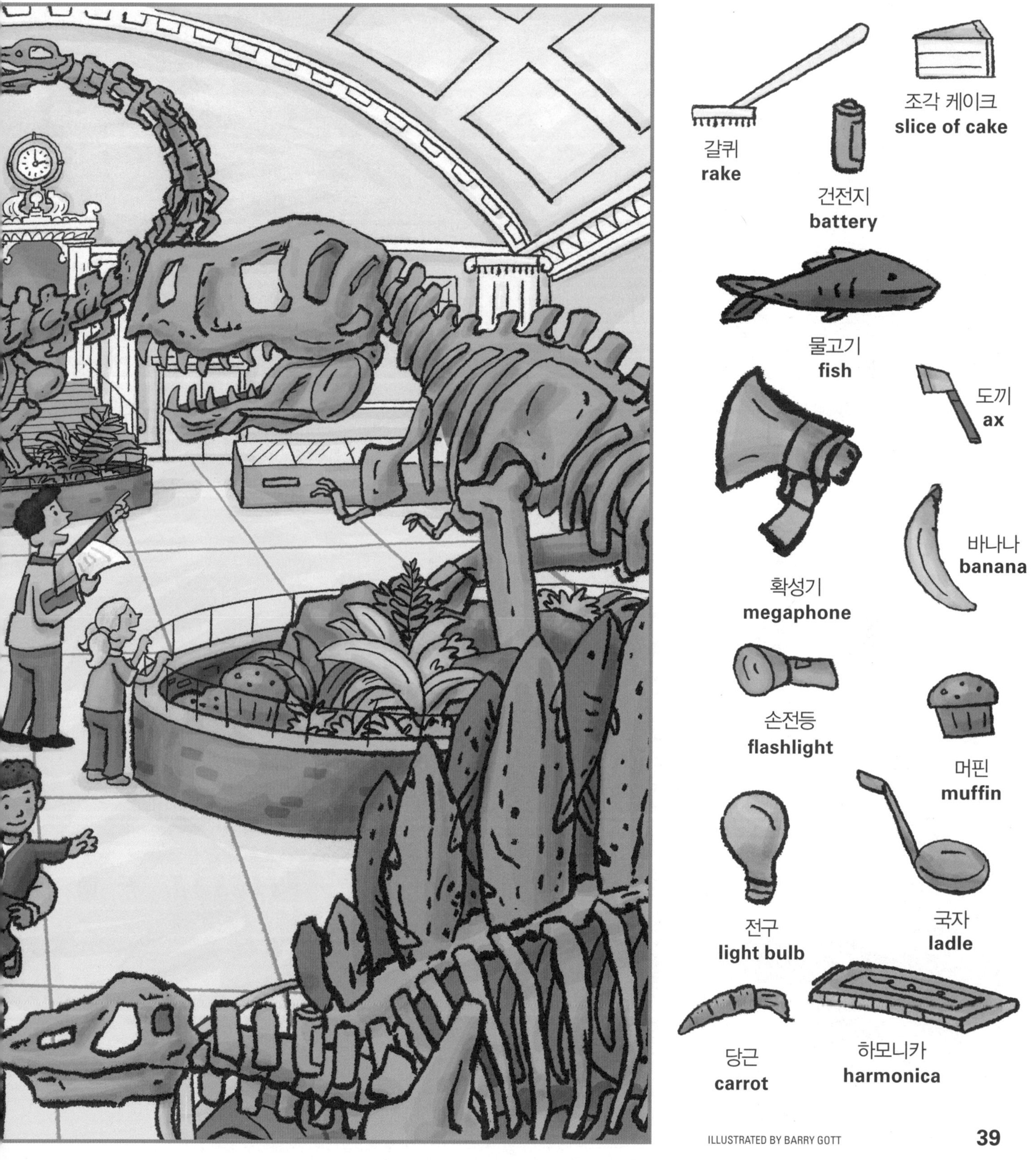
조각 케이크
slice of cake
갈퀴
rake
건전지
battery
물고기
fish
도끼
ax
바나나
banana
확성기
megaphone
손전등
flashlight
머핀
muffin
전구
light bulb
국자
ladle
당근
carrot
하모니카
harmonica

ILLUSTRATED BY BARRY GOTT

하이디와 지크
사라진 스노보드를 찾아라!

하이디는 테오와 함께 스노보드를 타러 갔어요. 눈이 엄청 내려서 발이 푹푹 빠졌어요.
지크는 좋아서 펄쩍펄쩍 뛰네요. 그런데 테오가 갑자기 울먹였어요.
"하이디, 내 스노보드가 사라졌어!"
리프트를 타고 가다가 스노보드가 풀려서 아래로 떨어졌대요.
"걱정 마, 테오. 지크와 내가 찾아 줄게."
하이디는 지크와 함께 스노보드가 떨어진 곳으로 가서 주변에 있는 숲까지 샅샅이 살펴보았어요.
하이디는 그곳에서 스노보드가 미끄러져 내려간 흔적을 찾을 수 있었어요.

눈 위에 난 자국을 따라가 보세요. 잃어버린 스노보드를 발견할 수 있어요.
그리고 다른 숨은 그림들도 찾아보세요.

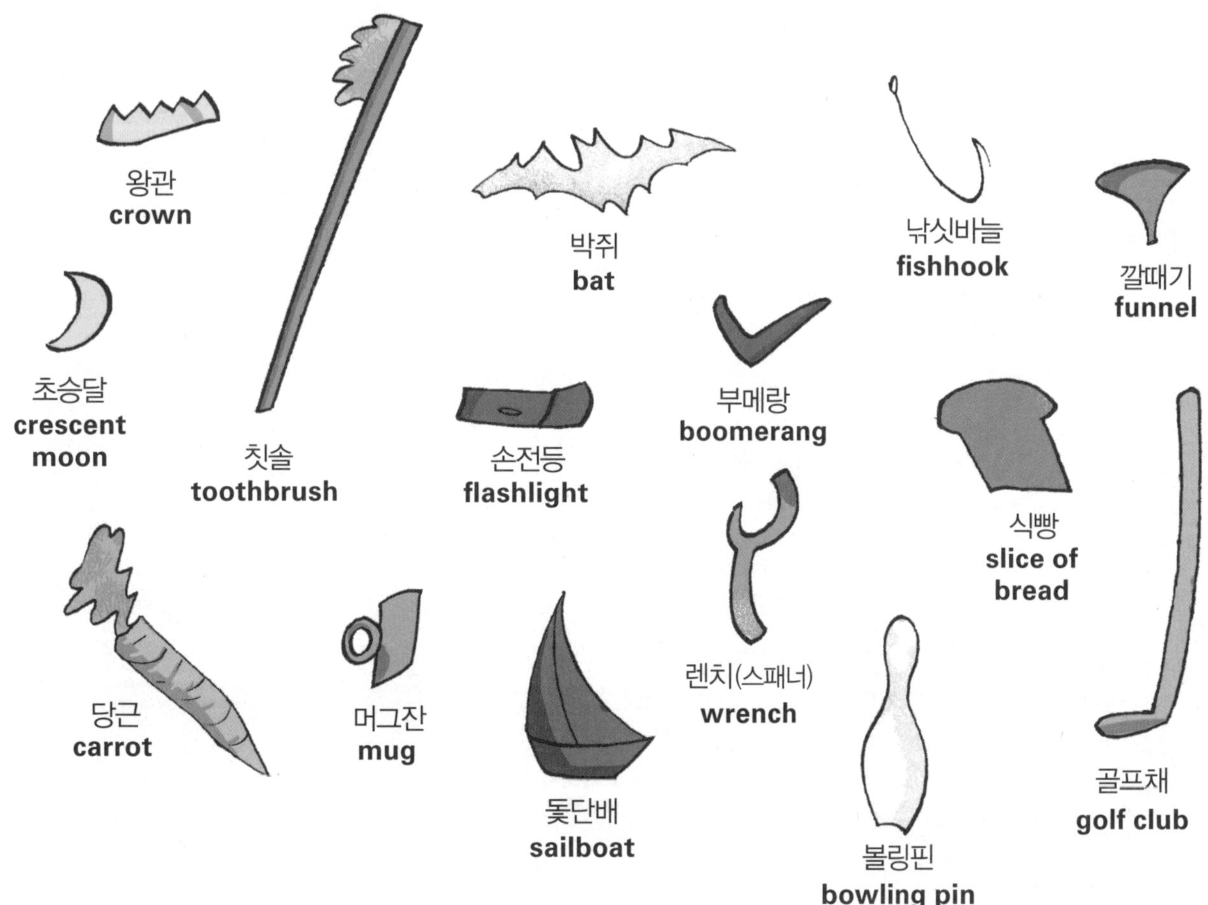

왕관
crown
박쥐
bat
낚싯바늘
fishhook
깔때기
funnel
초승달
crescent moon
부메랑
boomerang
칫솔
toothbrush
손전등
flashlight
식빵
slice of bread
당근
carrot
머그잔
mug
렌치(스패너)
wrench
돛단배
sailboat
골프채
golf club
볼링핀
bowling pin

WRITTEN BY JULIE WINTERBOTTOM;
ILLUSTRATED BY CHUCK DILLON

도전해 보세요!

동물원에 30개의 숨은 그림이 있대요.
하지만 어떤 그림이 숨어 있는지는 알 수 없어요.
자, 숨은그림찾기에 도전해 보세요!

 ILLUSTRATED BY DARYLL COLLINS

ZOO

말풍선 채우기

극장에서 영화를 보고 있는데
캥거루가 옆자리에 앉아서
팝콘을 먹고 있네요.
뭐라고 말하면 좋을까요?
말풍선을 채운 후 숨은 그림을 찾아보세요.

부메랑, 지팡이, 물고기, 꽃, 로켓

ILLUSTRATED BY JAMES KOCHALKA

정답

4–5 미술관에서

6–7 수영장에서

8–9 동물병원에서

9 퍼즐 맞히기

폴 – 스컹크, 오전 11시 15분
패티 – 거북, 오후 12시 15분
피터 – 개, 오전 11시 45분
페니 – 고양이, 오후 12시
파멜라 – 이구아나, 오전 11시 30분

10–11 도전해 보세요!

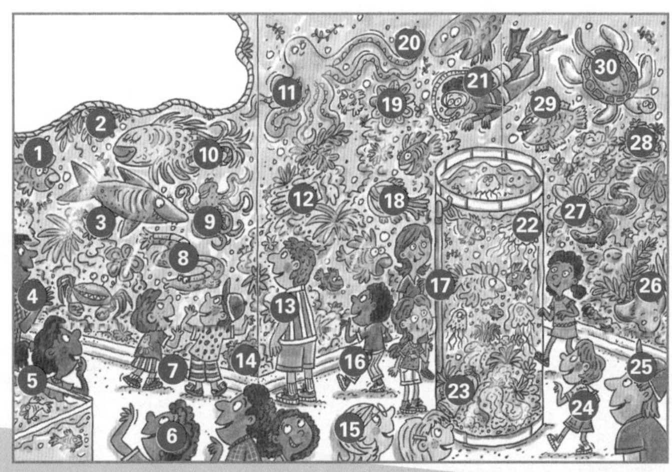
1
2
3
4
5
6
7
8
9
10
11
12
13
14
15
16
17
18
19
20
21
22
23
24
25
26
27
28
29
30

1 하트
2 열쇠
3 파티 모자
4 아이스크림콘
5 바늘
6 말편자
7 손전등
8 밧줄
9 조각 수박
10 지팡이 모양 사탕
11 모자
12 장갑
13 망치
14 조각 파이
15 그믐달
16 연필
17 괭이
18 돋보기
19 가위
20 찻잔
21 소금통
22 뼈다귀
23 꽃병
24 왕관
25 머리빗
26 버섯
27 아이스바
28 톱해트(실크해트)
29 톱
30 프라이팬

정답

12 지저분한 방

14–15 스케이트장에서

16–17 동물 음악대

18-19 외계인의 지구 탐험

20–21 숨은 조각 찾기

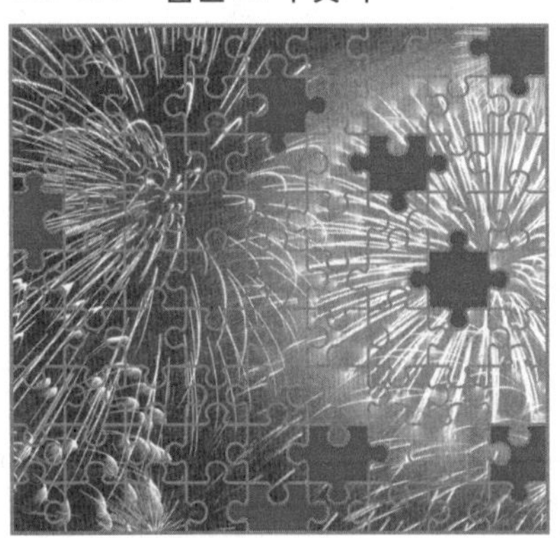

22–23 하이디와 지크,
사라진 자동차를 찾아라!

24–25 토끼 농장

26–27 공항에서

BAGGAGE CLAIM
C2

27 퍼즐 맞히기

샘 – 보라, 바닷가
사라 – 초록, 도시
스티브 – 빨강, 호수
샐리 – 파랑, 산

28–29 괴물 통과 콩 주머니 만들기

I'm not afraid of monsters!

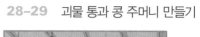

30 서커스 공연

32–33 미술 시간

34–35 외계인의 지구 탐험

36–37 바닷속 파티

정답

38-39 자연사 박물관에서

40-41 하이디와 지크, 사라진 스노보드를 찾아라!

42-43 도전해 보세요!

Reptiles

1 부메랑	11 하키스틱	21 바나나
2 야구방망이	12 칫솔	22 지팡이 모양 사탕
3 양말	13 다리미	23 신발
4 그믐달	14 페인트붓	24 편지봉투
5 자석	15 양초	25 왕관
6 장갑	16 머리빗	26 목도리
7 단추	17 연필	27 컵케이크
8 자	18 반지	28 클립
9 종	19 돋보기	29 반창고
10 숟가락	20 달팽이	30 조개껍데기

44 말풍선 채우기

스티커 페이지를 잘라 내어 사용하세요.

수영장에서 6–7쪽

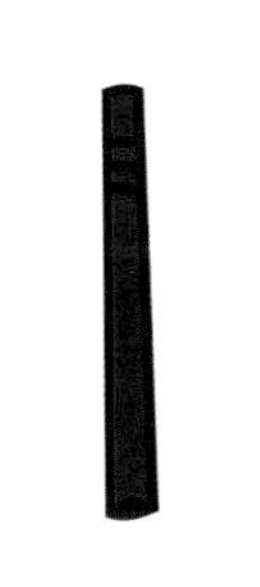
빨대
drinking straw

붓
artist's brush

번개
lightning bolt

편지봉투
envelope

야구방망이
baseball bat

올리브
olive

머그잔
mug

반지
ring

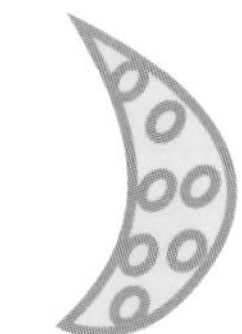
초승달
crescent
moon

아이스크림콘
ice-cream cone

양말
sock

도미노
domino

위시본
wishbone

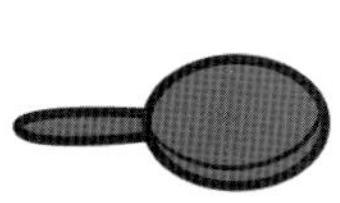
프라이팬
frying pan

동물 음악대 16–17쪽

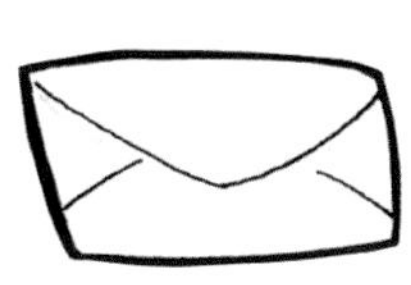
편지봉투
envelope

못
nail

하트
heart

망치
hammer

호스
hose

돛단배
sailboat

지렁이
worm

머그잔
mug

야자나무
palm tree

빨래집게
clothespin

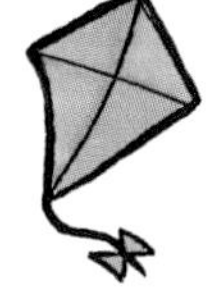
연
kite

자석
magnet